poemas azuis

@Sandro Santos, 2021

Direitos de publicação pertencem à Libretos.

Coordenação editorial | Clô Barcellos

Capa | Rosana Pozzobon

Imagem de capa | Vera Rotta

Ilustrações | Vera Rotta

Projeto gráfico e edição de arte | Rosana Pozzobon

Revisão | Célio Lamb Klein

Grafia segue Acordo Ortográfico da Língua Portuguesa de 1990, adotado no Brasil em 2009.

S237p   Santos, Sandro
            Poemas azuis. / Sandro Santos. – Porto Alegre: Libretos, 2021.
            64p.
            ISBN 978-65-86264-35-7
            1. Literatura brasileira. 2. Poesia. I. Título.
                                      CDD 869

Catalogação na publicação: Daiane Schramm – CRB-10/1881

Permitida a reprodução apenas parcial e somente sob citação de fonte.

Libretos

Rua Peri Machado, 222, bloco B, 707

Porto Alegre/RS

www.libretos.com.br

@libretoseditora

sandro santos

poemas azuis

Libretos

Porto Alegre, 2021

São para dizer em bares
Como em mansões seculares
Quintana, os teus quintanares

Sim, em bares, onde os pares
Se beijam sem que repares
Que são casais exemplares

Do poema Meu Quintana, *de Manuel Bandeira*

*Aos meus pais,
às paixões
e à Onda Azul,
que sempre me inspira
com ondulações
de amor*

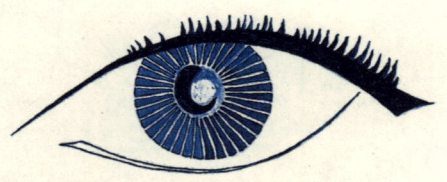

um prefácio afetivo

Poemas azuis fala de amor.
O amor, suspiro imaginado e sentido por um jornalista
que é poeta.

Poemas azuis fala de desamor.
O adeus frio saído da boca de quem já disse pra sempre.

Poemas azuis navega por ondas e gozo, sorvete e orquídeas,
o real e o imaginário; o azul.

Teria o poeta vivido tudo que escreve?
Te digo que sim! A poesia pra ele é um caminho
até o exato momento do sim ou do não. Real ou fantasia.

Poemas azuis é o primeiro livro do jornalista gaúcho
Sandro Santos. A obra é uma celebração de instantes,
lembranças e desejos que habitam a alma do poeta. Uma
autobiografia ficcional-poética sobre as tempestades de amar.

E quem nunca se deixou levar por uma onda azul?

Manoela Frade
jornalista

poemas imagéticos

14	lábios imprudentes
16	un roce
17	tua boca de vinho
18	candy shop
19	coração e sorvete
20	teus olhos e céu
21	fatal
22	orquídeas… uma a cada mês…
23	deuses
24	beijo salgado
25	olhar solar
26	obrigado ou gracias

'poeminhos' do coração

30	querer
31	novamente
32	mulher das estrelas
33	alma exposta
34	o brasileiro e o andaluz
35	ensurdecedor
36	olvido
37	coração não usa relógio
38	respingue
39	espelho

poemas do querer

42 gotas
43 ipanema em chamas
44 teu erro
45 pelirrojo
46 te espero
47 sopro
48 fue amor
49 ainda o é
50 sem métrica e sem rumo
51 fingir amar
52 burlador
53 visitas sonháticas
54 das voltas
55 tempo disléxico
56 alma e ossos
57 digitais...
58 penas
59 escalador
60 nosotros
61 dos sonhos
62 luna

poemas imagéticos

lábios imprudentes

Foste inconsciente sentimento inconsistente
Coração e mente sempre ausentes
E ao teu lado não te sentia mais presente

Tantas vezes te alarmei pelo bem de nosso amor
De muitas maneiras avisei e gritei um abafado por favor
Mas de nada adiantaria se o sentimento que eu te pedia
já não mais existia

E teus lábios pintados de amor
Fingindo um falso furor
Borrados do líquido rojo
Afogados no vinho
Embebidos de torpor

Foi quando dos teus frios lábios
Das palavras fizeste a dor
Não 'amo-te' mais, peço que te vás
Não fiques triste nem chore, sem rancor

E a memória que era ausente
Lá do fundo da taça de estanho
Surge o sentimento inocente e estranho

Que me provoca o líquido insano
E de repente, inconsequente, revive um fogo ardente
E me queimou na mente uma baita saudade da gente

un roce

Hoje sou só uma memória que um dia tocou teus lábios...
De tudo que já fui...
Serei hoje uma memória ausente?
Rogo que ainda seja um pensamento
No tempo presente
Un roce en tus labios

tua boca de vinho
A pior notícia que ouvi da tua boca de vinho

Certa noite, entre taças e músicas, de seus lábios rojos
uma voz desafinada cantarolava
love will tear us apart, acompanhando a canção
de Joy Division que tocava no seu tablet.
Servi mais uma taça, dessa vez até quase transbordar
o líquido bordô. Foi então que perguntei. E saíram
de seus lábios as palavras mais sinceras que eu
já havia escutado. Mais sinceras de quando dizia 'amo-te'.
O sincero não!
Coração dilacerado, assim como o de Ian Curtis,
busquei uma resposta sonora e recorri a INXS
Never tear us apart.

candy shop

Estar com você e passar as tardes em minha casa
chamada em tom idílico de beach house
era como estar numa candy shop.
A doçura só ia embora quando você partia
e deixava a montanha me olhando pelo retrovisor
rumo ao plano piloto.
A sensação era do doce substituído por balas de anis
que eu recusava provar.
Assim como me recusava em partir de seu sofá moderno
com vistas para além das luzes do eixão norte da capital.
E quando a Lua se exibia alta no céu
e já não havia mais jeito... porta entreaberta.
E logo após os doces lábios na despedida imediatamente
sentia o amargor da saudade ao entrar no elevador.

coração e sorvete

Não havia riso, não havia palavra, tampouco música...
só a solidão do silêncio da manhã de segunda-feira
e a rede na varanda, de onde contemplava o telhado
das casas e o abacateiro que sombreava o jardim.
Sentimento de tristeza mais que revolta...
num impulso-desilusão coloquei no congelador,
ao lado do pote de Häagen-Dazs, meu coração.
Ela adora morango. Depois do ok via telefone
na certeza de sua vinda... corri ao supermercado.
Mas o sorvete preferido que por ela esperou durante
a tarde de sábado, esperou durante a noite. Ficou tarde
e ainda mais tarde.
No celular um "talvez". Manhã de domingo, mais uma
tarde, e então, anoiteceu.
Enfim, chegou segunda-feira. Tudo chega menos você.
Durante um tempo, que não sei medir em dias, o sorvete
ficou aprisionado no fundo do congelador...
jamais abri a porta.
Luas se passaram, e numa tarde chuvosa de verão, na bela
Vila da Montanha onde eu morava, a luz se fez faltar.
O Häagen-Dazs derreteu e se perdeu.
E o coração?
O coração voltou a bater...

teus olhos e céu

Quando estão plenos são verdes
Entretanto...
Saudade dos azuis
Saudades de quando deitei pela primeira vez meus
                               olhos nos teus
De uma luz suavíssima, bela, que me gritou uma
                               melancolia ao coração
Meus olhos postos nos teus
Quando vi a união dos azuis
Teus olhos e céu

fatal

A menina do azul fica fatalmente elegante
Quando veste sandálias de salto
Fatal aos olhos castanhos
Verdes, negros e azuis...
Tão fatal
Que dá vontade de viver
Para vê-la novamente
Fatalmente

orquídeas...
uma a cada mês...

Y a cada cumple yo cumplí lo que prometí
Tu já não mais estás
Mas elas florescem a cada estação

deuses

No início, quando sonhava que seríamos Adão e Eva...
te regalé um colorido brinco-de-princesa para iniciar
nosso Éden. E tu, radiante, o colocaste com vistas para
Brasília.
Mais tarde, quando deixaste de ser princesa e te
transformei em rainha, ampliamos nosso jardim e passei
a regalarte orquídeas.
De diferentes cores, que a cada mês, para celebrar a união,
floriam nosso paraíso.
Brincavas de ser minha Deusa. Pois rainha não te
bastava... e eu, sonhador de ser teu rei, achava que
agradava.

Depois, depois da última celebração, foi o último mês
então. Plantei a última orquídea... Talvez a culpa tenha
sido minha ao ter escolhido a cor branca. E por isso ela
me disse que já não via mais cor em mim. Beija-flor que
sou, saquei, é o fim.
E eu na verdade já não mais achava em tudo graça
foi quem ficou sem graça.
Fui plantar orquídeas por aí.
Neste jardim que é o Mundo.

beijo salgado

Saudade do beijo salgado que ficou na promessa
Dos lábios molhados da maresia
Do abraço trêmulo feito do ar já gélido da brisa do
                                          entardecer
Saudade da boca carmim, do vinho que tu nem gostas
Das infinitas e improváveis conversas que de minutos
                                        cambiaban en horas
E que de horas se faziam em dias... e que, para nós
facilmente poderiam se fazer em séculos
Ontem vou te querer novamente

olhar solar

Se trouxesses teus olhos pra mim
Se me desses alguma gota do azul
Se eu sentisse novamente o sabor da cor
Em carícias de meus lábios em tuas pálpebras
Os astros sorririam novamente
As almas degustariam do azul

obrigado ou gracias

Obrigado

Por tua elegância

Por teus suspiros

Por teus gemidos

Por teu suor

Por teus truques de teus fortes músculos

Por teu pulsar e apertar

Por sussurrar meu nome

Por gritar-me

Por entregar-te

Por teus pezinhos queixosos por massagem

Por você por cima

Por elevar-se

Por acima de tudo

Por ser você mesma

Por dividir comigo o teu eu verdadeiro

Por ser autêntica

Por quando comigo

Estar de verdade e com verdade

Por às vezes juntos, nunca distante
Por teus trejeitos
Por me emprestar a tua beleza
Por tua cultura
Por teus saberes
Por deixar-te contemplar
Pelos olhares
Por teu sorriso
Pelos pelos
Pelos dourados cabelos
Pelo azul
Do olho e da alma
Pelos silêncios que muito diziam
Pelos teus sabores de tons
Doces, molhados, ora até amargos
Pela intensidade
Obrigado.

'poeminhos' do coração

controle de qualidade
19

querer

Se o passado é o futuro do pretérito, onde a vida, em
                              hipótese, sempre ia
Quiçá o presente, que sempre estará por vir a sê-lo,
                              seja o futuro também.
Então, entendi!
Que amanhã te quis....
E eu, ontem, vou te querer.

novamente

O meu te querer cresceu, subiu ao céu
Virou sol, depois do ápice, o apogeu
Coloriu tudo com todas as paletas que pintam o entardecer
Então, desfaleceu e escureceu
Atravessou a noite. A madrugada passou
Já é dia, amanheceu novamente
O meu te querer

mulher das estrelas

Oi, mulher das estrelas
Navegadora de tantas galáxias
Partiste de Órion, mais brilhante que Betelgeuse,
                                         timoneira Alpha
Rumou pelo infinito
Se fez novidade, a supernova do Universo
Inventou o amor quando aportou no irmão gêmeo
                                                   da Terra
Vênus dos mares estelares
Baixou à Terra, mergulhou no Oceano Atlântico
Navegadora dos mares do amor
Onda de cristal blue
E eu Ícaro voador

alma exposta

Prefiro a forte luz do astro
Prefiro queimar, arder a pele e molhar a testa de suor
Prefiro a subida rumo ao azul
À subida que muito cansa
Prefiro a esperança
À comodidade da sombra
Que me angustia
A sombra sombria

o brasileiro
e o andaluz

Um te pensa
O outro quer te olvidar
Um te ama
O outro quer te ahogar

ensurdecedor

Sinto uma surdez
de teus olhos
que já não gritam
mais por mim

olvido

Será possível deslembrar?
De tua voz olvidar?
Dos sussurros em falsete
Eu beijando a tua palavra na garganta
Antes de sair de tua boca
Será possível deslembrar?
Você muito louca
Dizendo me amar

coração não usa relógio

Coração pulsa sem pulso
Não usa relógio
Pra ele o tempo é desdatado
Passado, futuro, presente
Tudo emaranhado
Daqui a mil anos
Ou século passado

respingue

Respingue em mim teu azul
Espumante marinho
Em meu marzinho
O teu amorzinho

espelho

E o reflexo do teu olhar
Faz azul a onda do mar

*poemas
do querer*

gotas

Você me ofereceu pingos de felicidade
Eu te pedindo tempestade
Da chuva me deixou a saudade

ipanema em chamas

Ao ver o Sol repousar
Suas tintas vermelhas
Cintilante espelhado
Ipanema branca areia

Lembro seus cabelos cor de fogo
Beleza blanquita dorada
Esfinge deusa deitada
Já foi minha sereia

teu erro

De todos os teus erros
Somente um não posso perdoar

Teu pecado maior
O de nunca me amar

E além deste, outro não vou esquecer
O de não mais me querer

pelirrojo

E teus cabelos folhas de outono
Da tonalidade das brasas do Sol
Incendiaram meu coração
Cabelos cor de fogo
Queimaram-me de paixão

te espero

A lo lejos en alguna otra galaxia
quizá te pueda tocar
en la ingravidez bailar
yo que te quiero por encima del cielo
donde la vida se hace azul
más allá te espero

sopro

E soprarei tão forte meus pensamentos
que te arrancarão o vestido
E a ti só restarão os brincos
Além da taça de uma bebida forte
que levas em tuas mãos
Desnuda, descabelada
Diáfana mirada

fue amor

Sí, fuimos felices...
no fue un error

ainda o é

O amor é ontem, foi amanhã, será agora

Sentir-te saudade é amar-te no presente

É sentir-te mesmo que já ausente

É amar como te amei outrora

O amor não foi embora

sem métrica e sem rumo

A poesia se deu com amor
E não com a métrica da dor
Sem esforço, somente bom gosto
Do bom gosto em tudo
Paixão feita de absurdo

fingir amar

Houve uma época em que você fingia

Fingia que me queria

Fingia que me amava

Quanta ousadia!

Eu fingi que acreditava

E até sentia alegria

Era tudo o que eu queria

Mesmo quando você fingia

O que era mentira

Se fazia poesia

Até que um dia nos cansamos da falsa alegria

Do faz de conta do amor que não existia

Pra ti, pra mim já não mais havia poesia

E depois daquele dia

Que disseste a verdade

Em ti eu não mais acreditaria

burlador

Tens o coração burlador
E depois de tanto tempo fingidor
Deixou-me só a dor

visitas sonháticas

Novamente, assim de repente
Num rompante você apareceu
Eu tranquilo a sonhar
E você me veio visitar

Depois dessa noite
Como posso me calar?
E pra quem irei falar?

Da felicidade que me aconteceu
O Universo emudeceu
E nem pra ti posso contar

Escrevo pra desabafar
Tua pele e boca ardentes
Lábios, línguas uma serpente

Já amanheceu
Eu desejoso de revelar
E ao Universo gritar
Esta noite ela veio me visitar

das voltas

A vontade de voltar é uma busca nostálgica por viver
                                                 uma recordação
De uma memória que nem aconteceu

Uma saudade do que poderia ter sido
Reviver o que não tenha ocorrido
O belo e bonito jamais vivido

A mente ilusão traindo o coração
Com os braços abertos preencher com presença o que
                                                     foi tua ausência

tempo disléxico

Meu tempo, teu tempo

Inegável equívoco do universo

Quando eu chegava tu saías

Só eu te percebia? Ou você também sentia?

Os Deuses cochilaram

Nessa névoa maresia

Encontros e desencontros

Eu sempre teu, viu, guriazinha?

Para eternizar os momentos

Dos dias em que foste minha

Te escrevo este poeminha

alma e ossos

O sentimento que habita em mim por ti
Refresca a alma e me dói os ossos

digitais...

no hay huella que dure más en el alma que tu sonrisa
El agua salada y la tibia brisa

penas

Ainda que hoje o tempo suavize

E eu te descreva com a doce pena

Faço isso a duras penas

Pois de nós não tiveste pena alguma

E agora, que pena, te escrevo sem candura

A doçura que não tens nenhuma

escalador

Eu, montanhista apaixonado
Então, depois dos teus alvos pés
Subirei e a toda geografia beijarei

Na tua fonte beberei
E serei implacável
Numa sede insaciável

E prometo, não descansarei
E nas montanhas me perderei
Uma escalada imensurável

Escalarei até teus lábios
Borrando a cor cereja
Misturando eles nos meus
Do jeito que você deseja

Veneno, erva daninha
Tua boca na boca minha

nosotros

Entre la mar
La arena
Y el cielo
Quizá tú y yo

dos sonhos

Durmo pra ter contigo
O que de dia já não consigo

luna

Lunar, iluminar
E lá da Lua te namorar...